DU RACHAT

DES

CHEMINS DE FER,

PAR

M. F. LÉON LE FEBVRE,

AVOCAT.

PARIS

COMPTOIR DES IMPRIMEURS UNIS

(COMON ET Cᵉ)

QUAI MALAQUAIS, Nº 15

—

1848

RACHAT

DES

CHEMINS DE FER PAR L'ÉTAT.

Dans un moment où les esprits sont vivement préoccupés de la question de faire rentrer dans les mains de l'État la propriété des chemins de fer, qui n'aurait jamais dû en sortir, il peut être utile d'examiner comment les différents États de l'Europe ont procédé dans l'exécution des railways qui les sillonnent.

Nous rechercherons les conditions faites aux compagnies par les États qui ont racheté des chemins exploités, et les bases qui ont servi aux compagnies entre elles pour l'acquisition de certaines concessions. Il sortira peut-être de cette étude une idée nouvelle sur la marche à suivre pour atteindre le but que le gouvernement doit se proposer, et atténuer la crise financière que subit l'industrie, par suite des moyens adoptés jusqu'à ce jour pour la construction des voies de communication perfectionnées.

Il y a quatre différents systèmes qui ont été suivis en Europe pour l'exécution des lignes de fer :

1° Les compagnies ont construit seules, avec privilége de concessions perpétuelles ou temporaires.

2° L'État a construit seul et exploité, en se réservant le monopole.

3° L'État a participé comme actionnaire à la construction faite par des compagnies.

4° Enfin l'État a aidé les compagnies concessionnaires par un prêt gratuit ou à intérêt, par des garanties de minimum d'intérêt ou par des travaux.

L'Angleterre a laissé aux compagnies seules la construction des railways des trois royaumes, en accordant des concessions perpétuelles. C'est le seul État qui ait complétement abandonné la construction des chemins à la spéculation particulière, sans y avoir participé par des prêts, des avances ou des travaux.

Le gouvernement belge, après avoir construit lui-même les principales artères, a fait depuis trois années, le plus souvent à des étrangers, de nombreuses concessions de lignes secondaires.

La Hollande a cédé à une compagnie anglaise le seul chemin que l'État avait construit, de sorte qu'aujourd'hui tous les chemins se trouvent entre les mains de sociétés particulières. Mais le gouvernement a attaché des avantages à la construction de certaines lignes ; tels qu'une concession de mines, ou une participation comme actionnaire.

Le Hanôvre et le grand-duché de Bade se sont

réservé le monopole de la construction et de l'exploitation.

L'Autriche a fait plusieurs concessions, et fait exécuter plusieurs chemins aux frais du gouvernement.

La Bavière, qui avait d'abord accordé plusieurs concessions, les a rachetées et n'en accorde plus que pour des lignes secondaires.

La Saxe et la Prusse ont participé comme actionnaires à la spéculation de plusieurs compagnies ; dans ce cas, les actions de l'État ne viennent toucher d'intérêts qu'après les actions des particuliers. Ces États ont souvent aussi aidé les concessionnaires, soit par une garantie d'intérêt, soit par un prêt ; et quelquefois les trois modes de participation sont appliqués sur le même chemin.

La France est le seul État qui ait essayé tous les systèmes (excepté celui de participation comme actionnaire), et dans lequel cependant le plus mauvais a prévalu.

Ainsi l'État a fait des concessions perpétuelles et temporaires.

L'État a fait construire sans toutefois exploiter (Chemin de Montpellier à Nîmes).

L'État a prêté sans intérêt (Strasbourg-Bâle).

L'État a garanti des intérêts (Paris- Orléans).

L'État a fait des avances de fonds en travaux qui lui seront remboursées (Nord).

L'État a fait exécuter des travaux qui ne lui seront point remboursés (Paris-Strasbourg).

Cependant le grand principe de concession prédomine, il a partout reçu son application à l'exception du chemin de Montpellier à Nîmes.

Il ne serait point difficile de démontrer que plus on s'est éloigné du principe de l'exécution par l'État, plus la perturbation dans les finances du pays a été grande ; plus, au contraire, on s'est rapproché de ce principe, moins le crédit privé a été atteint.

Ainsi, l'Angleterre, la France et la Prusse ont plus souffert que les autres nations dans leur commerce et leur industrie. Malgré les sommes énormes que fournit à l'Angleterre son commerce extérieur, malgré les avantages que lui présentent pour la construction des railways, le fer et le charbon que le sol produit en abondance, la crise financière qu'elle subit depuis plusieurs années est si grave, qu'un grand nombre de concessions faites par le parlement ne peuvent être exécutées.

Ce serait à tort que l'on attribuerait aux derniers événements politiques seuls l'état actuel du crédit en France.

Depuis longtemps le commerce et l'industrie languissent par suite du manque des capitaux qui leur ont été enlevés. On n'a cessé de les pressurer que lorsqu'ils ne pouvaient plus rien fournir. Nous avons vu, à la fin de 1847, plusieurs compagnies renoncer aux priviléges qu'elles avaient obtenus à grande peine; et d'autres qui, après avoir commencé leurs travaux, ne peuvent les continuer faute de versements du montant de leurs actions.

En Prusse, un grand nombre des principales maisons de banque et de commerce sont tombées en faillite, et l'État n'a obtenu l'achèvement des plus grandes lignes qu'en faisant des sacrifices considérables.

L'Autriche, la Bavière et la Saxe ont arrêté la crise financière qui les menaçait en rachetant les concessions qu'elles avaient accordées, ou en se chargeant de la construction des lignes les plus coûteuses.

Enfin, le Hanôvre, le duché de Bade, la Belgique, qui ont exécuté le plus de chemins de fer sur le continent, comparativement à leur territoire et à leur population, n'ont pas éprouvé de troubles dans leurs finances, au moins par suite des entreprises qu'ils ont achevées.

La gêne qui s'est fait sentir dans le commerce de la Belgique ne provenait point du manque de capitaux, mais du défaut de débouchés pour une trop grande quantité de produits fabriqués.

Partout la même cause a produit le même effet.

On ne déplace pas impunément une masse de capitaux pour les jeter subitement dans une entreprise dont les outils et les moyens sont aussi coûteux. Tout capital produit; il est placé dans des conditions différentes peut-être, mais il n'est capital qu'à la condition de produire. Or, lorsqu'une nouvelle industrie vient à surgir et demande des capitaux, il faut nécessairement qu'ils soient distraits d'un emploi quelconque. Si le capital nécessaire n'est point considérable, il est prélevé sur une espèce d'en-caisse que possèdent les capitalistes par suite de l'excédant des produits de leurs capitaux non employés à leurs besoins, et qui attend une spéculation. Mais lorsque le capital que réclame la nouvelle industrie est trop considérable, toutes les branches productives s'y emploient, et toutes sont en souffrance. On use alors du crédit dans des proportions exagérées; et comme il est essentiellement limité de sa nature, après avoir passé certaines bornes, il se restreint en raison inverse de son développement.

Ce n'est pas tout encore; il y a deux espèces de capitaux employés dans les entreprises de chemins de fer : il y a le capital réel, qui est le coût, la dépense réelle du chemin, et le capital fictif, capital absorbé par la spéculation de la Bourse sur les actions. Si un déplacement violent portait sur la dépense réelle seulement les capitaux qui sont enlevés aux autres industries, cette dépense étant généralement proportionnelle aux produits du chemin, le mal serait passager, et dans un laps de temps donné l'équilibre se rétablirait. Mais les jeux de Bourse portant particulièrement sur les actions lorsqu'elles viennent d'être émises, et longtemps avant que le montant en soit intégralement versé et employé, l'agiotage absorbe ainsi, par les différences, le capital qui aurait dû être appliqué à exécuter la construction productive. Ce capital alors sert de mise de jeu aux spéculateurs; ou, souvent, il est retenu dans des conditions de luxe qui lui font décrire un long circuit avant de le ramener à son point de départ; mais de fait, il se trouve extrait de l'industrie et enlevé aux mains du capitaliste qui le faisait produire.

L'État, qui construit, pourvoit à ses dépenses de deux façons : soit par addition à l'impôt, soit par emprunt.

Dans le premier cas, la répartition de la dépense se fait sur l'ensemble des contribuables, en proportion de leur fortune, et peut gêner momentanément leur existence sans la troubler, et surtout sans nuire à aucune industrie particulière. Dans le second cas, les prêteurs n'ayant à attendre qu'un intérêt ordinaire de leur prêt, il n'y a réellement que les capitaux disponibles, sans emploi, sans placement dans le moment, qui viennent couvrir l'emprunt, et le crédit privé n'en souffre point. L'industrie et le commerce présentant généralement plus de chance de bénéfices, ou promettant un intérêt plus considérable que le placement sur l'État, aucun capitaliste ne retire ses fonds du commerce ou de l'industrie pour les mettre dans l'emprunt. Mais lorsque l'État livre à la spéculation l'exploitation des grands travaux d'utilité publique, c'est une nouvelle industrie qu'il crée. Cette industrie attire d'autant plus qu'elle est moins connue; la spéculation qui s'en empare fait briller aux yeux de la foule des espérances de bénéfices d'autant plus exagérées qu'elles sont toutes du domaine de l'hypothèse; et ce ne sont plus seulement des capitaux latents qui s'y jettent, mais les fonds se retirent du commerce, de l'industrie, qui sont ainsi frappés dans leur premier élément de vie, le capital sur lequel roulaient les transactions venant à manquer.

Ainsi donc, on ne peut plus mettre en doute la nécessité de laisser à l'État la charge de ces grandes constructions d'utilité publique. Il en est de même de la question de rachat; et les esprits les plus positifs, les intelligences pratiques les plus éclairées, sont parfaitement d'accord et reconnaissent l'urgence de faire rentrer dans les mains de l'État les travaux de chemins de fer. Des considérations d'ordre public, au point de vue de l'exploitation des lignes dans des conditions déterminées, seraient faciles à réunir et viendraient à l'appui des considérations de crédit privé que nous avons avancées : telle est, par exemple, la question des tarifs.

Les tarifs en France sont moins élevés qu'en Angleterre, mais bien plus élevés qu'en Belgique et en Allemagne. L'État, après avoir racheté, pourrait prélever sur les bénéfices de l'exploitation, qui sont dus à son capital, une diminution des tarifs qui tournerait au profit de l'intérêt général; il lui suffira de limiter le bénéfice des actions de jouissance dont nous parlerons plus tard, et d'appliquer à la diminution des transports l'excédant d'un certain revenu.

La nécessité de rendre les chemins à l'État une fois démontré eet sans rien préjuger sur l'opportunité, dont le Gouvernement est le meilleur juge, recherchons les bases qu'il conviendrait d'adopter pour le rachat des chemins concédés; nous verrons ensuite comment l'État pourra pourvoir sans ébranlement de son crédit, sans secousse et surtout sans léser les droits des actionnaires, au remboursement des capitaux engagés dans les chemins terminés et à l'achèvement des chemins en cours d'exécution.

La plupart des économistes qui se sont occupés du rachat des chemins de fer par l'État ont présenté des moyens différents de remboursement, et n'ont peut-être point suffisamment étudié les bases sur lesquelles ce remboursement pouvait être opéré.

On avait proposé l'exécution des chemins au moyen de coupons nationaux d'une valeur de 100 fr. rapportant un intérêt de 3 fr. 65 c. par an (1 cent. par jour). Ce moyen était bon, et aurait sans doute évité la crise financière dont le pays a tant à souffrir. Mais la question de rachat n'est plus la même que celle de l'exécution : il faut chercher aujourd'hui les combinaisons d'évaluation les plus justes, et se servir des ressources disponibles pour couvrir la dépense immédiate.

On a proposé de faire racheter les chemins exécutés en remboursant simplement le capital dépensé par des rentes sur le grand-livre ; ce serait une spoliation pour les chemins de fer exploités qui rapportent de forts dividendes, ce serait un trop grand bénéfice pour les mauvaises lignes qui ne rapportent que peu d'intérêts.

On a proposé de prendre pour base du rachat le produit moyen du chemin depuis trois années, et de rembourser ce produit ainsi capitalisé au denier 20. La plupart des lignes ne sont pas encore dans des conditions normales d'exploitation, et les lignes complètes ne sont pas exploitées depuis assez longtemps pour que cette moyenne représente le revenu réel.

On a proposé de prendre pour base d'évaluation le cours moyen des actions d'une année d'exploitation, 1845 ou 46, par exemple, ou le cours des actions au jour de la transaction.

Mais aucune de ces propositions ne nous paraît remplir les conditions désirables d'indemnité également juste pour toutes les compagnies, sans laisser à l'État des charges de spéculations trop aventurées.

Maintenant passons en revue les bases adoptées par les États étrangers qui ont racheté des chemins concédés et celles adoptées par les compagnies qui ont ajouté des lignes nouvelles à leurs concessions. En Angleterre l'État, qui a laissé aux particuliers toute l'industrie des chemins de fer, ne nous fournit aucun exemple de rachat; mais les compagnies entre elles se sont livrées à des transactions de ce genre. Ces transactions ont lieu fréquemment entre une ligne principale et une entreprise secondaire, soit parallèle et par conséquent rivale, soit au contraire tributaire et par conséquent élément de circulation. Les conditions les plus ordinaires, selon l'importance et la valeur de la ligne achetée, sont pour une ligne exploitée : soit un intérêt de 5 à 6 p. o/o aux actionnaires, soit l'échange des actions de la ligne achetée contre un nombre déterminé d'actions de la ligne principale suivant le taux respectif de ces actions. Pour les lignes en construction, ou même simplement concédées, l'achat des travaux ou de la concession, s'opère par le simple remboursement du capital avec le supplément par action d'une prime dont le taux est calculé d'après les chances de succès de la ligne.

En Allemagne, deux États seulement ont racheté. La Saxe a repris un chemin en cours d'exécution, et que les compagnies ne pouvaient point achever, en remboursant le capital dépensé avec des rentes sur l'État à 4 p. o/o. La Bavière a racheté un chemin dont le revenu n'était que de 2 1/2 p. 100, et qui exigeait des dépenses assez importantes pour être complété ; cependant ce chemin devant faire partie des grandes lignes que le gouvernement avait décidé de construire, il a tenu compte aux actionnaires d'une plus-value de 5 p. 100 sur le capital social, comme indemnité de dépossession.

Les acquisitions faites par les compagnies particulières sont des têtes de chemin nécessaires à l'exploitation de plus grandes lignes. Deux faits de ce genre ont eu lieu en Prusse. La compagnie de la basse Silésie et de la Marche a racheté le chemin de Berlin à Francfort-sur-Oder au prix de 162 p. 100, payable en actions de la nouvelle compagnie, à laquelle l'État a garanti un minimum d'intérêt de 3 p. 100. La compagnie de Berlin à Magdebourg a acheté le chemin de Berlin à Postdam, aussi tête de chemin, en échangeant chaque action du chemin de Postdam contre deux actions de la nouvelle compagnie : les actions ayant la même valeur nominale. Le nouveau capital donné aux actionnaires des anciennes compagnies était la représentation à 5 p. 100 environ des dividendes qu'ils avaient touchés dans l'année précédant le rachat.

On peut conclure de ce qui précède, que les rachats de chemin de fer ont toujours été faits dans des conditions qui couvraient les avantages à venir

de la spéculation, en prenant pour base les bénéfices obtenus par l'exploitation.

Le nouvel ordre de choses créé en France, adop-
tant des idées justes et sérieuses des devoirs de
l'État et de ses moyens d'action, sa mission orga-
nisatrice doit tendre à ramener an centre de l'intérêt public, tout ce que de funestes influences, des
fautes de l'ancien gouvernement, ont fait aban-
donner à la spéculation particulière. Mais il faut
qu'à l'action énergique d'une volonté toute puis-
sante, se joigne la sanction d'une justice qui ne
froisse point sensiblement les intérêts privés. Il ne
faut pas oublier que, dans les transactions à inter-
venir, on se trouve en présence des petits capitalistes, aujourd'hui généralement détenteurs d'actions ; et qu'une mesure arbitraire n'atteindrait plus
les spéculateurs en grand qui ont su se retirer à
temps, en emportant le bénéfice de leur influence
et de leur adresse.

Il ne faut pas que l'on puisse accuser le gouvernement nouveau d'une spoliation violente, que la
conscience publique ne ratifierait pas, et que l'on
ne rejetterait que sur la force de sa légitime dic-
tature. Plus le gouvernement a le sentiment de
son devoir, plus il doit être fort; plus il est fort,
plus il doit être juste; plus il apportera de probité
et de délicatesse dans ses transactions même obli-
gatoires, plus il acquerra cette confiance qui doit

avoir pour résultat le rétablissement du crédit public et l'ordre dans le crédit privé. Mais s'il convient que l'État agisse avec justice, il a aussi le droit de demander que les actionnaires aient confiance en lui; et cette confiance ne lui manquera sans doute pas, lorsqu'on le verra soigneux d'éviter toute secousse, tout mouvement violent, toute exigence vexatoire.

Ainsi donc tout d'abord, et avant tout, comme base du rachat au profit de l'État, par *expropriation pour cause d'utilité publique* : des chemins de fer exécutés, le produit de l'exploitation; des chemins de fer en construction, le capital dépensé. Ce sont les seules bases justes que l'on puisse adopter pour le rachat.

Le plus grand principe de l'organisation du travail et de la société tout entière, c'est sans contredit l'association. Association des capitaux, de l'intelligence et du travail. Eh bien, ce que nous proposons n'est que l'application de ce principe. Pourquoi l'État ne donnerait-il pas, pour une industrie d'utilité publique, l'exemple de l'association? Jusqu'à présent nous avons vu l'État s'associer aux compagnies pour les soutenir, tantôt par des prises d'actions, tantôt par des garanties d'intérêt, tantôt par des avances de fonds, tantôt par des prêts à bas intérêts, et enfin même par des travaux qui ne devaient pas être remboursés. Retournons la position; que les compagnies s'unissent à l'État, que les actionnaires restent actionnaires des chemins de fer, mais que les chemins soient entre les mains du gouvernement, qu'il ait sa part comme capitaliste, comme gérant, et qu'il s'associe les capitaux qui se joindront aux siens pour la spéculation, et les employés pour leur zèle, leur intelligence et leur travail.

Ne sera-ce pas réaliser ainsi le projet d'exploitation de l'industrie qui semble avoir le plus de chances de réussite parmi tous ceux présentés pour l'organisation du travail? Ne rattachera-t-on pas ainsi à l'intérêt général tous les intérêts particuliers qui semblent en défiance et qui souffrent? Ne couvrira-t-on pas, par le seul fait de la garantie de l'État, toutes les dépréciations de valeur des actions de chemin de fer?

Que peut vouloir le gouvernement?

Que les chemins de fer reviennent à l'État, pour introduire dans leur exploitation toutes les améliorations qui peuvent tourner au profit de l'intérêt public.

Quels moyens employer pour atteindre ce but? Rembourser aux compagnies les dépenses faites, et leur tenir compte des avantages qu'elles ont trouvés dans leur spéculation. Tout autre moyen serait attentatoire à des droits acquis, et violerait la liberté des transactions.

L'État ne doit point profiter de la panique qui

a jeté une si grande dépréciation sur les actions de chemins de fer. Mais peut-il donner aux compagnies un capital représentant les intérêts de leur exploitation, en 1847 par exemple? Peut-il estimer strictement les avantages futurs de la spéculation et les rembourser argent comptant? Évidemment non. Il faut donc qu'il donne la valeur réelle des dépenses faites, et une autre valeur représentative des droits aux bénéfices de l'exploitation. Des rentes sur l'État comme capital, des actions de jouissance comme valeur aléatoire.

Ces principes posés, il y a plusieurs conditions particulières à prendre en considération :

1° La durée de la concession;

2° Le taux de l'intérêt attribué aux actions;

3° La valeur des actions d'après les résultats de l'exploitation;

Et, suivant ces conditions, les chemins sont placés dans des situations différentes de spéculation et conséquemment de valeur.

En outre, un chemin de fer peut fournir aux actionnaires un intérêt du capital dépensé plus ou moins élevé.

Un autre peut fournir, avec l'intérêt du capital et l'amortissement, un certain dividende.

Un autre enfin peut ne pas fournir d'intérêt au capital social, et ne pas même couvrir ses dépenses d'exploitation.

Le premier recevra pour son capital social, une rente sur l'État représentant l'intérêt moyen qui lui a été attribué par son exploitation pendant une certaine période, si cet intérêt est moindre que celui fixé par les statuts de la société; et une action de jouissance pour ses droits de participation déterminée, aux bénéfices éventuels de l'exploitation future.

Le second recevra pour son capital une rente sur l'État représentant l'intérêt qui est attribué aux actions par les statuts de la société; et de plus, une action de jouissance qui représentera son droit aux bénéfices, limité par une convention amiable ou arbitrale entre l'État et la compagnie.

Le troisième, enfin, recevra en rentes sur l'État la valeur matérielle du chemin, et une action de jouissance qui lui donnera droit à toucher une part des bénéfices, ou des intérêts comme on voudra les appeler, dès qu'il y aura un produit net, un excédant réel des recettes sur les dépenses.

Pour les chemins de fer qui ne sont point encore terminés, le gouvernement se trouve en présence d'intérêts beaucoup plus simples, et doit faire des conditions qui lui réservent une plus grande part de bénéfices.

Ainsi, il peut exproprier pour cause d'utilité publique, en remboursant toutes les dépenses faites sur le chemin, et en redevenir seul maître; plusieurs compagnies ne demanderont probablement pas mieux aujourd'hui ; ou bien, associer les actionnaires à sa spéculation, en les appelant à verser le reste de leurs actions, et par-contre leur donner un titre aux bénéfices de l'exploitation. Ce dernier mode nous paraît plus conforme aux intérêts bien entendus de l'État en ce moment, puisqu'il y trouvera les moyens de continuer des travaux importants et nécessaires, sans charger le trésor de nouvelles dépenses considérables.

Il rembourserait alors en rentes sur l'Etat au pair, le capital versé sur les actions, donnerait successivement des coupons de rentes équivalant aux versements, et réserverait des actions de jouissance aux actionnaires qui auraient complété le montant de leurs actions de fondation, après avoir déterminé d'avance, par convention, les droits aux bénéfices dans des proportions équitables.

Quel avantage l'État peut-il trouver à cet arrangement ? Sans obérer ses finances, il redeviendra maître des grandes voies de communication, des tarifs et des travaux d'utilité publique ; il pourra fermer, s'il le veut, la porte à tous les scandaleux tripotages de bourse qui ont fait tant de mal à l'industrie, et enfin rétablira dans un moment grave, la confiance dans sa force et sa volonté, en même temps qu'il consolidera le crédit.

Le gouvernement ne peut point faire du rachat une affaire de spéculation ; il faut qu'il se contente de reprendre des droits qu'il n'aurait pas dû perdre, au prix qu'il lui en aurait coûté pour les établir.

Toutefois, en restreignant aux principales lignes exploitées ou en construction, le rachat des concessions faites, il trouvera dans les bénéfices excédant la limite de ceux réservés aux actions de jouissance une espèce de revenu qu'il appliquera à l'amortissement du capital des rentes données en échange, ou même des actions de jouissance, tirées au sort chaque année (comme les actions du capital social qui sont amorties par les compagnies); de sorte qu'il éteindra dans un laps de temps, beaucoup plus court que celui des concessions, le capital dépensé par les compagnies.

Que peuvent vouloir les actionnaires?

Nous n'examinerons point comment les compagnies ont obtenu les concessions dont elles jouissent. Ces concessions sont des droits acquis, incontestables, évaluons donc consciencieusement la portée des intérêts qui sont engagés dans ces spéculations, en tenant compte de la situation des compagnies en 1847 et de l'influence que la révolution de février a pu avoir sur les valeurs négociables.

Les compagnies de chemins de fer exploités ont déboursé un capital d'établissement, il est juste qu'elles rentrent dans ce capital. Ce capital d'établissement a acquis une plus-value par l'exploitation, il est juste que les compagnies touchent le montant de cette plus-value.

De là deux natures différentes d'indemnités exigibles.

Remboursement de la dépense faite.

Compensation de la plus-value.

Si l'État ne rachetait pas les chemins de fer, la dépense d'établissement serait remboursée, peut-être, par l'amortissement dans le laps de temps limité par la concession.

La plus-value d'exploitation serait toujours soumise à toutes les chances d'une exploitation plus ou moins heureuse, plus ou moins productive.

Eh bien! que peuvent exiger dans ce moment les compagnies pour rétrocéder à l'État les concessions qu'elles en ont obtenues?

Politiquement et raisonnablement elles ne peuvent exiger que l'État leur fasse une position meilleure que celle dans laquelle elles se trouveraient sans rétrocession de leur privilége. Donc, en leur offrant le remboursement des actions de fondation en rentes sur l'État au pair, et des actions de jouissance qui conserveront leurs droits aléatoires et seront la représentation de la plus-value de l'exploitation, le gouvernement n'attentera à aucun droit acquis et aura satisfait à toutes les exigences possibles des compagnies.

Les compagnies des chemins en construction

trouveront de plus dans l'échange de leurs actions contre des titres de rentes sur l'Etat, l'avantage d'une garantie de minimum d'intérêt que l'exploitation pourrait ne point leur fournir.

On ne peut pas objecter contre la livraison de la rente au pair la dépréciation momentanée des rentes sur l'État; cet abaissement de valeur est analogue à la baisse des actions sans lui être proportionnel; et s'il y a un avantage, il est tout du côté de la rente.

Les bases de rachat sont à la fois justes pour l'actionnaire et pour l'État. Les moyens sont en même temps une preuve de la bonne foi, de la probité du gouvernement et de sa confiance dans l'avenir, confiance qui doit entraîner celle des capitalistes timorés qui, en retenant leurs valeurs, continuent et augmentent la crise financière du pays.

En résumé, nous proposons donc :

1° Que l'État déclare d'utilité publique l'expropriation de tous les chemins de fer concédés, exploités ou en construction.

2° Qu'il prenne pour base des indemnités à payer aux chemins de fer exploités, à la fois le capital social et le produit de ces chemins pendant une certaine période; et pour base des indemnités à payer aux chemins en construction, le capital dépensé.

3° Que l'indemnité se compose de deux titres : rente sur l'État pour le remboursement du capital social employé à l'exécution des chemins; action de jouissance pour la plus-value; laquelle action donnera droit à une part déterminée aux bénéfices de l'exploitation, après prélèvement bien entendu de toutes les dépenses d'exploitation, d'entretien et d'amortissement.

Cette action de jouissance sera transmissible.

Les actionnaires des chemins de fer en construction qui voudront avoir droit à une action de jouissance, seront obligés de tenir envers l'État l'engagement, qu'ils ont pris envers la compagnie, de verser le complément de leurs actions; ceux qui refuseront de tenir cet engagement, renonceront par ce seul fait, au bénéfice de l'action de jouissance.

Quant aux dettes dont les chemins peuvent être hypothéqués; l'État se substituera aux compagnies dans leurs droits et devoirs envers les tiers.

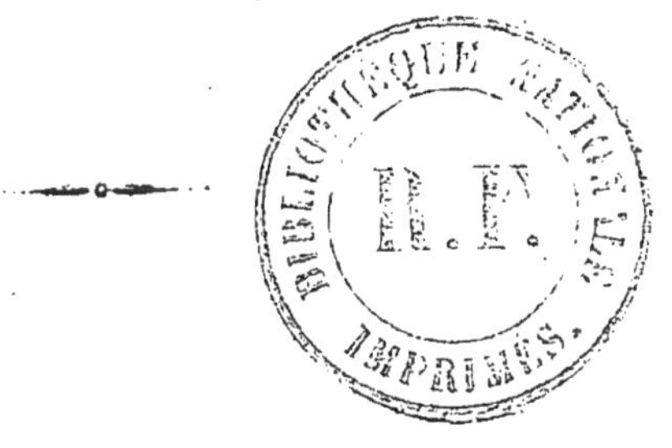

IMPRIMERIE DE CLAYE ET TAILLEFER,
RUE SAINT-BENOÎT, 7.